# MARTEES

Para Mike, el centro de mi universo.
—S. S.

La autora desea agradecer a los siguientes expertos en HiRISE del Laboratorio Lunar y Planetario de la Universidad de Arizona por su ayuda con este proyecto: Ari Espinoza (Coordinadora de Divulgación), el doctor Matthew Chojnacki (Científico Asociado) y el doctor Shane Byrne (profesor y Jefe Asistente de Departamento).

© 2023, Vista Higher Learning, Inc.
500 Boylston Street, Suite 620
Boston, MA 02116-3736
www.vistahigherlearning.com
www.loqueleo.com/us

© Del texto: 2021, Suzanne Slade

Publicado originalmente en Estados Unidos bajo el título *Mars Is: Stark Slopes, Silvery Snow, and Startling Surprises* por Peachtree Publishing Company, Inc. Esta traducción ha sido publicada bajo acuerdo con Peachtree Publishing Company, Inc.

Dirección Creativa: José A. Blanco
Vicedirector Ejecutivo y Gerente General, K-12: Vincent Grosso
Desarrollo Editorial: Salwa Lacayo, Lisset López, Isabel C. Mendoza
Diseño: Ilana Aguirre, Radoslav Mateev, Gabriel Noreña, Verónica Suescún, Andrés Vanegas, Manuela Zapata
Coordinación del proyecto: Karys Acosta, Tiffany Kayes
Derechos: Jorgensen Fernandez, Annie Pickert Fuller, Kristine Janssens
Producción: Esteban Correa, Oscar Díez, Sebastián Díez, Andrés Escobar, Adriana Jaramillo, Daniel Lopera, Juliana Molina, Daniela Peláez, Jimena Pérez
Traducción: Isabel C. Mendoza

*Marte es: cuestas afiladas, nieve plateada y asombrosas sorpresas*
ISBN: 978-1-54338-600-4

Créditos de las fotografías:
NASA/Jet Propulsion Laboratory/Malin Space Science Systems: 4-5; NASA/Jet Propulsion Laboratory-California Institute of Technology/University of Arizona: 6-7, 11, 16-17, 18-19, 20-21, 22, 25, 29, 33, 34, 37, 38; NASA/Jet Propulsion Laboratory/University of Arizona: 8, 12, 15, 26, 30; NASA/Jet Propulsion Laboratory/Kennedy Space Center/Lockheed Martin Space System: 43; NASA/Jet Propulsion Laboratory/Ball Aerospace: 44; NASA/Jet Propulsion Laboratory-California Institute of Technology: 47.

Printed in the United States of America

1 2 3 4 5 6 7 8 9 GP 28 27 26 25 24 23

# MARTE ES

cuestas afiladas, nieve plateada

y asombrosas sorpresas

**SUZANNE SLADE**

**Traducción de Isabel C. Mendoza**

VISTA™

Durante siglos, nos hemos hecho preguntas sobre el misterioso planeta Marte.

Con el tiempo, los científicos descubrieron que, al igual que la Tierra, Marte tiene tiempo atmosférico y estaciones.
Pero algunos terrícolas curiosos quisieron saber más.

Entonces, unos científicos construyeron una cámara potente y la lanzaron a hacer un largo viaje de millones de millas a través del espacio para observar a Marte más de cerca.

Varios meses después, la cámara envió a la Tierra fotos fascinantes que nos muestran lo que Marte es.

Marte es un manto rocoso enterrado,

Un manto rocoso, normalmente escondido debajo del material suelto y de grano fino que cubre la superficie de Marte, constituye la sólida base de este magnífico planeta. Aquí tenemos una vista única del manto rocoso al descubierto, con sus hermosas capas de roca.

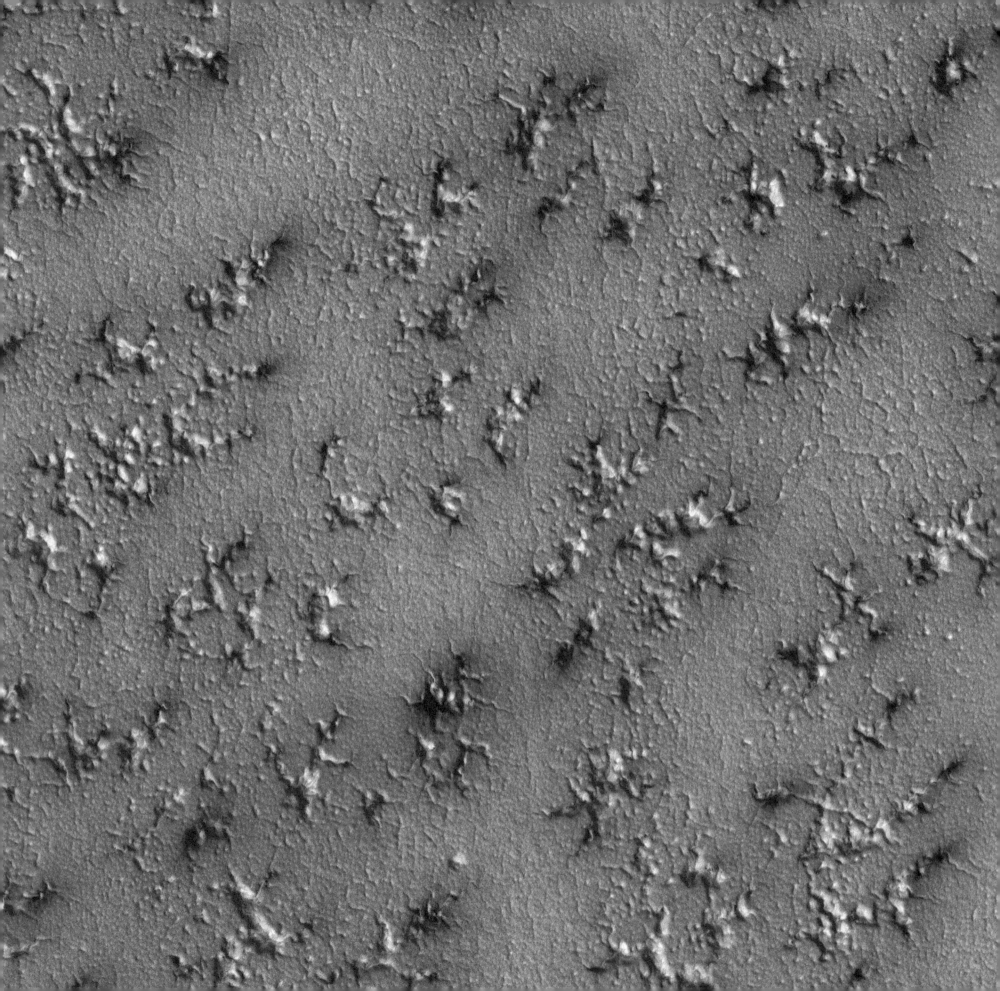

*Como la Tierra, Marte tiene dos casquetes de hielo en los polos. A diferencia de los polos terrestres, los marcianos contienen hielo seco (dióxido de carbono congelado) en lugar de agua. En la primavera, los rayos del Sol alcanzan el polo sur y calientan su superficie. En poco tiempo, gases burbujeantes comienzan a salir del suelo y labran canales en el hielo.*

# gas burbujeante,

# e imponentes mesas.

Esta mesa de cima plana y laderas empinadas tiene un cuarto de milla de extensión y está rodeada de dunas de arena que se levanta con el viento. Se encuentra en el extremo occidental del cañón más grande del sistema solar, Valles Marineris, ¡que es cuatro veces más grande que el Gran Cañón!

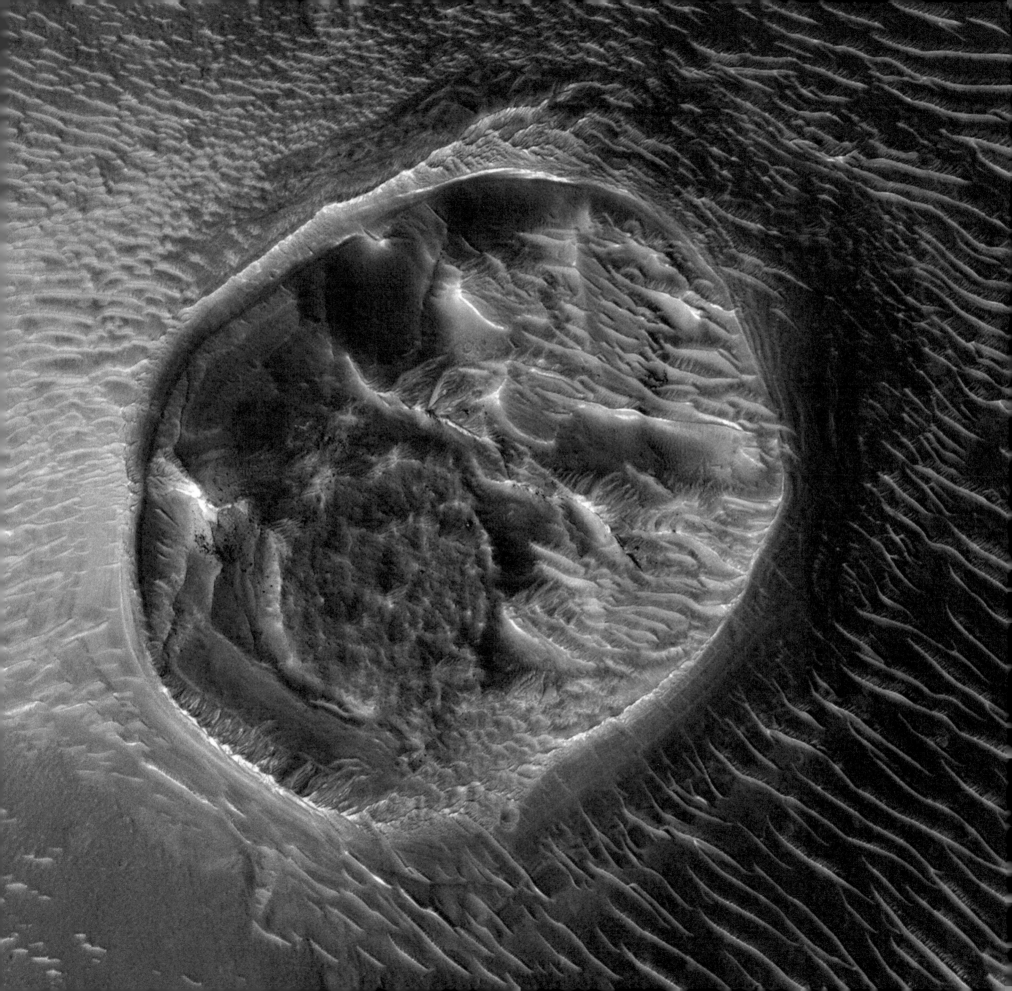

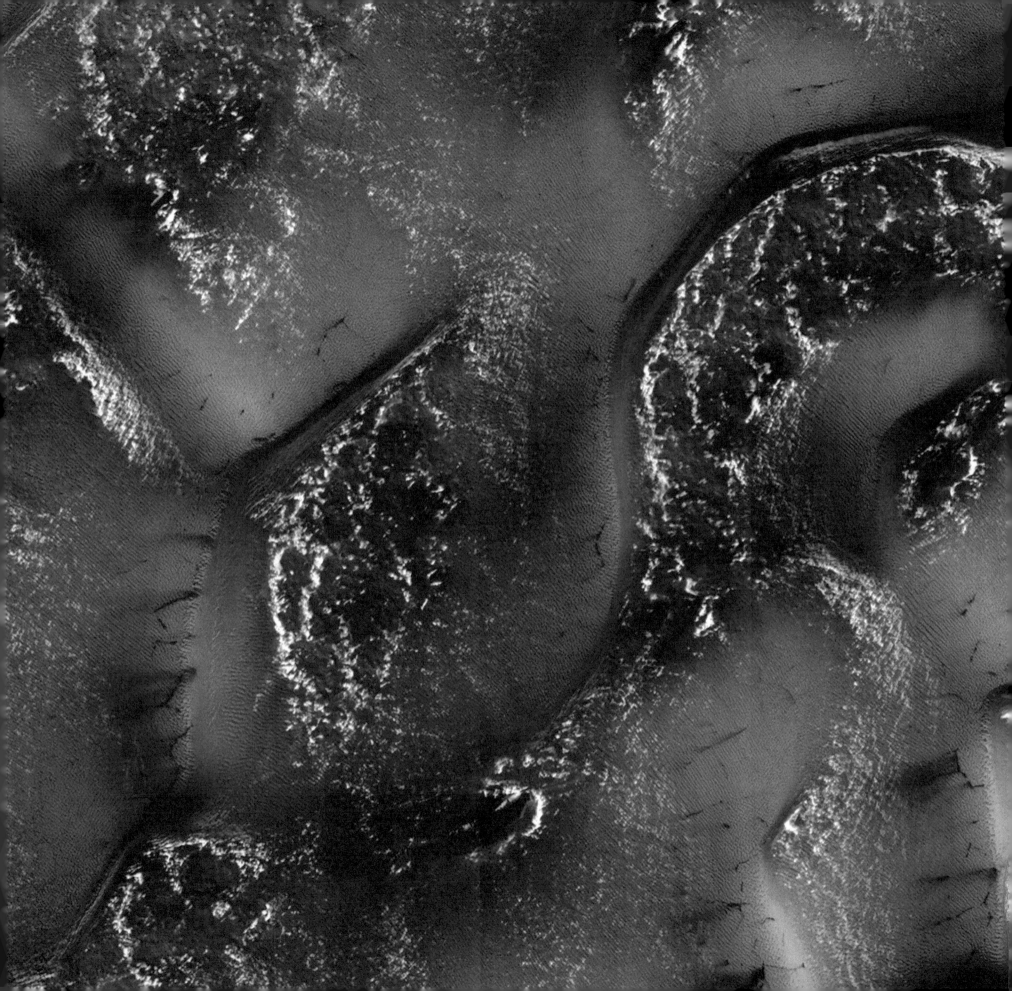

*Durante el invierno, las arenosas dunas del hemisferio Norte de Marte se cubren de nieve y grandes láminas de hielo seco. En la primavera, brilla el sol y el hielo comienza a romperse. Al poco tiempo, por las grietas sale gas que arrastra arena oscura hacia la superficie, pintando hermosos diseños en espiral.*

# Marte es nieve y hielo resbalosos,

# dunas arenosas barridas por el viento

¡Las dunas de Marte no paran de moverse! Los vientos soplaron sobre esta duna arenosa, ubicada dentro del cráter Lyot, dibujando fascinantes rizos y ondas. Los científicos calculan que algunas dunas se desplazan hasta más de tres pies (alrededor de un metro) en un año marciano, que equivale a 687 días de la Tierra.

y cráteres creados por choques de meteoritos.

*Este colosal cráter se formó cuando un meteorito chocó con Marte. El material que cubre el borde se llama eyecto porque fue eyectado por la fuerza explosiva del impacto. Los científicos creen que se trata de un cráter relativamente joven, debido a que el borde todavía está definido y afilado.*

# Marte es acantilados empinados

*El borde del cráter Krupac está rodeado de acantilados empinados, mientras que en su cuesta interior se ven enormes barrancos. Aunque se cree que Krupac es un cráter de impacto relativamente joven, ha dejado al descubierto el antiguo manto rocoso de Marte.*

y cañones,

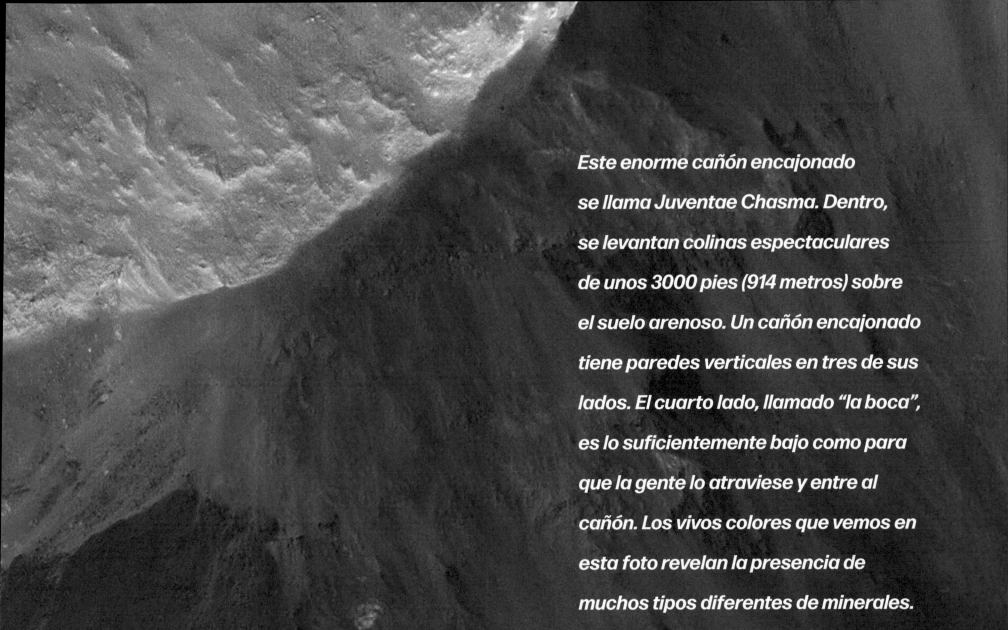

Este enorme cañón encajonado se llama Juventae Chasma. Dentro, se levantan colinas espectaculares de unos 3000 pies (914 metros) sobre el suelo arenoso. Un cañón encajonado tiene paredes verticales en tres de sus lados. El cuarto lado, llamado "la boca", es lo suficientemente bajo como para que la gente lo atraviese y entre al cañón. Los vivos colores que vemos en esta foto revelan la presencia de muchos tipos diferentes de minerales.

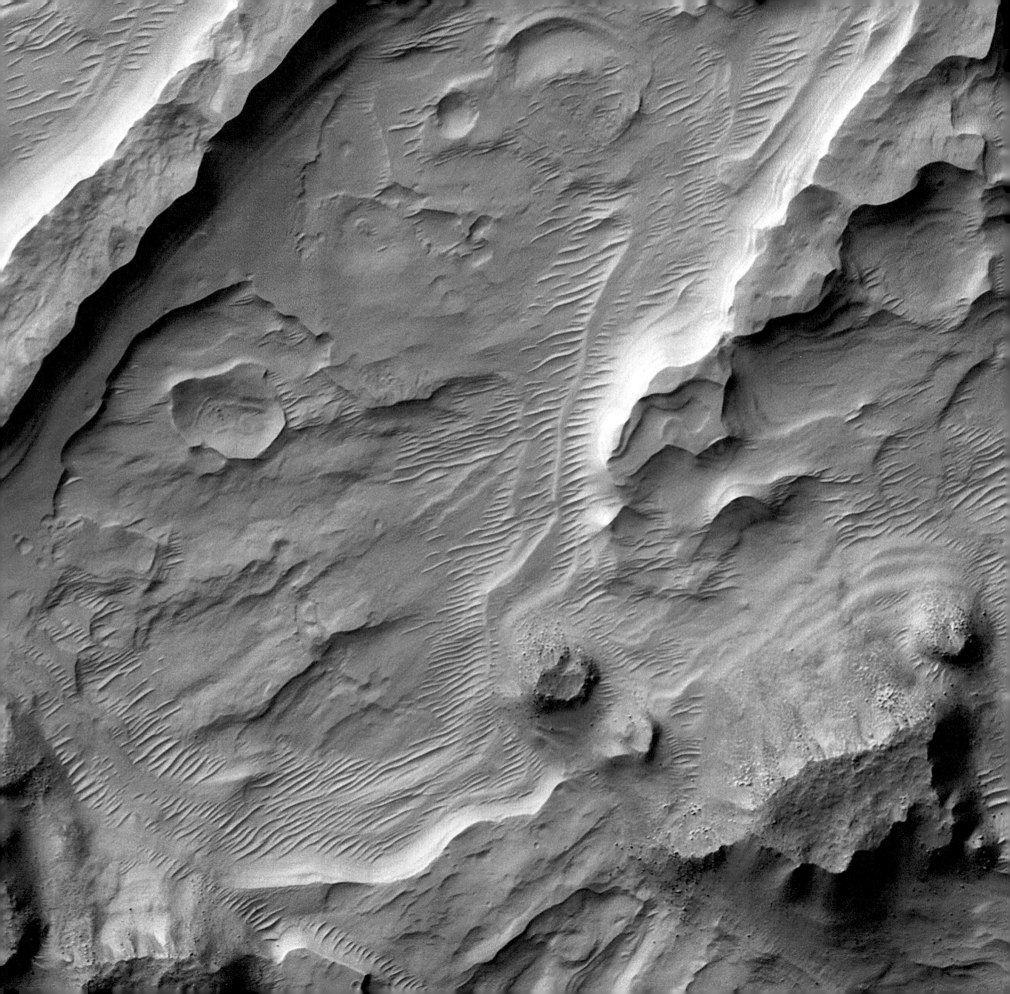

# anchos abanicos,

Los científicos creen que estos depósitos con forma de abanico, llamados abanicos aluviales, son prueba de que por Marte fluía agua hace tiempo. "Aluvial" se refiere a la arcilla, el limo, la arena y la grava que son arrastrados por el agua corriente. Se cree que las altas crestas que sobresalen por encima de los abanicos son canales por donde antiguamente corría agua.

# y crestas,

Este valle seco está lleno de bellas crestas lineales creadas por el viento. Estas altas crestas tienen pequeños rizos de arena que se extienden hacia abajo y que hacen que parezcan plumas.

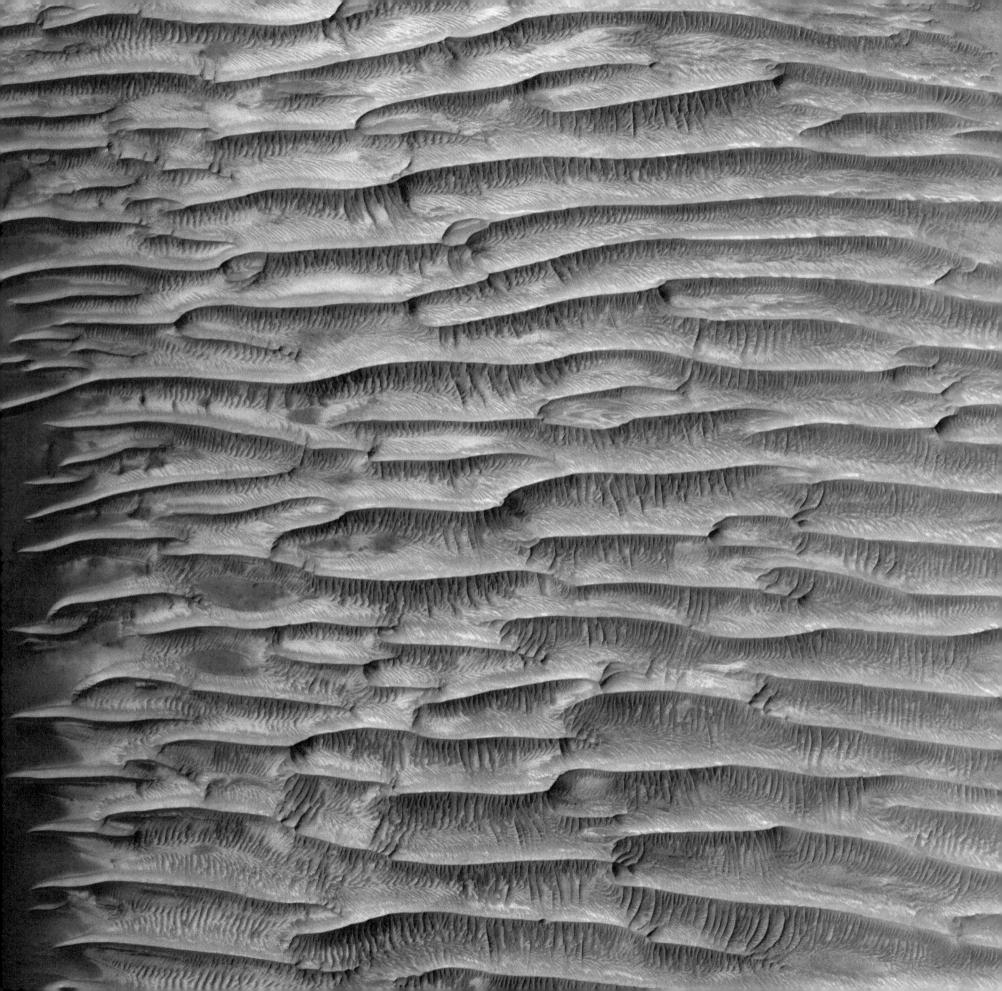

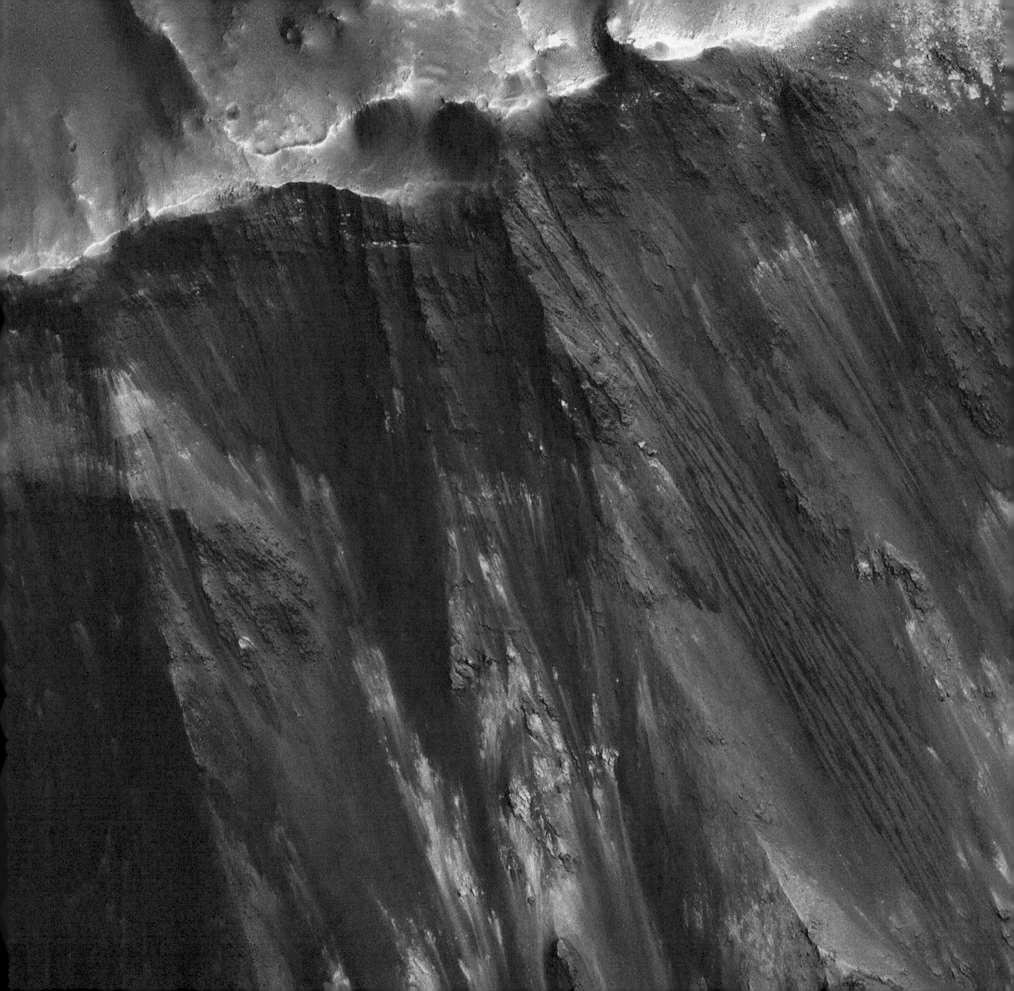

*Un asteroide, un meteorito o un cometa creó este cráter de impacto al chocar con Marte. Sus cuestas empinadas y afiladas ocasionan repentinas avalanchas de escombros y desprendimientos de rocas. Después de cada avalancha, queda expuesta una superficie nueva, libre de polvo, que revela diferentes tipos de roca.*

# cuestas afiladas

# y deslizamientos de tierra.

El volcán más alto del sistema solar, Olympus Mons, se encuentra en Marte. Ya no está activo, y tiene unas 15.5 millas (25 kilómetros) de altura. Enormes deslizamientos de tierra provenientes de este volcán gigante crearon este bloque rocoso. Con el tiempo, el viento lo erosionó, convirtiéndolo en un pintoresco paisaje estratificado.

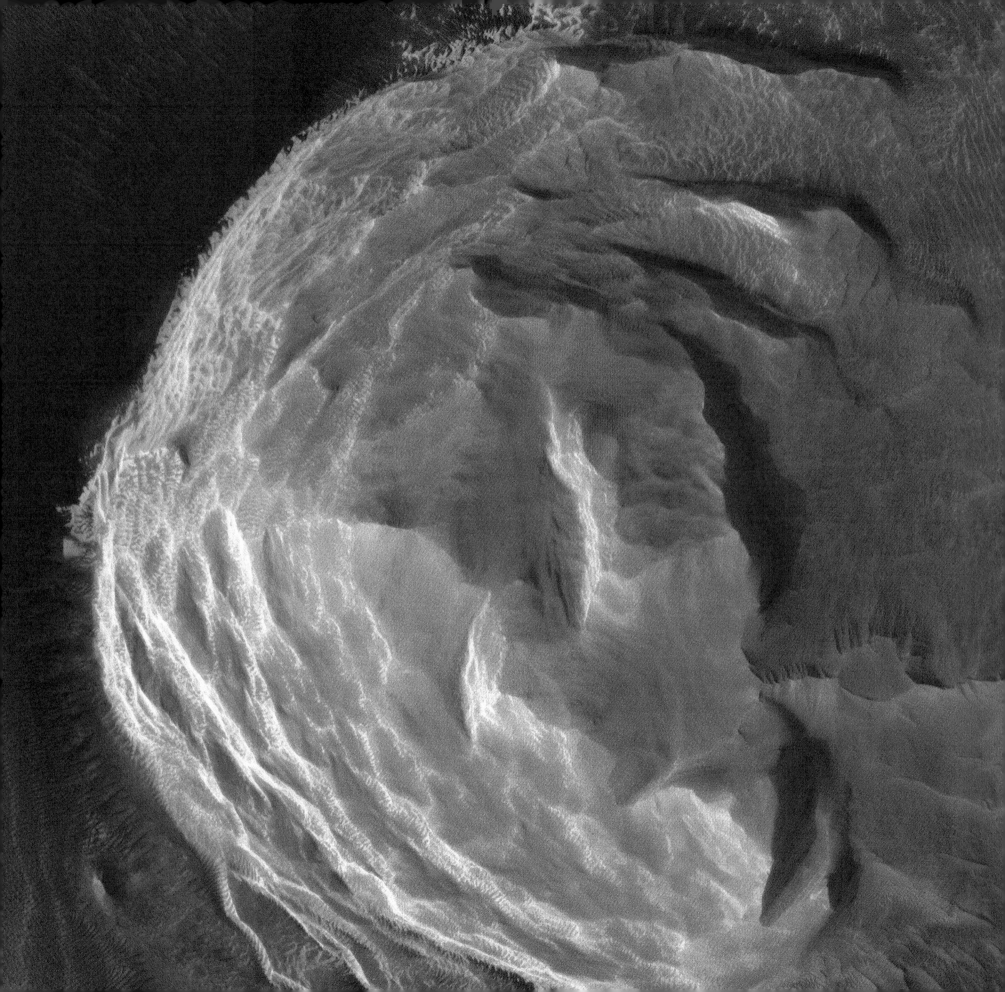

# Marte está moviéndose

*Un proceso llamado sublimación, por el cual el hielo sólido se convierte en gas, ocurre en Marte cada primavera. Cuando los rayos del Sol comienzan a convertir en gas el hielo que cubre estas dunas arenosas, ubicadas al norte del planeta, arena oscura o tierra se cuela por las pequeñas grietas de lo que queda del hielo. El color rosado indica los lugares donde el polvo marciano se ha asentado sobre el hielo.*

Este cráter reciente fue creado por la explosión de material polvoriento causada por el impacto de un objeto. El cráter tiene unos 100 pies (30 metros) de diámetro, un poco más que la distancia que hay entre dos bases en un campo de béisbol. La extensa zona radiada de la explosión se despliega por más de 9 millas (14.5 kilómetros) desde el centro.

# y cambiando,

# dislocándose

La arena no es lo único que se mueve en Marte. ¡También se están moviendo enormes bloques de roca! Esto es causado por la dislocación por congelamiento, un movimiento que ocurre cuando la superficie del planeta se congela y se descongela a medida que gira alrededor del Sol. La dislocación por congelamiento hace que suban rocas a la superficie y se vayan apilando en montones separados, de manera organizada.

# y reacomodándose.

El viento siempre está reacomodando la superficie de Marte. Cuando el viento sopla la arena en una dirección por un periodo de tiempo, las partículas de arena esculpen largas y finas crestas rocosas llamadas yardangs. Un yardang está bordeado a ambos lados por canales llenos de arena, y suele estar orientado en la misma dirección en la que soplaba el viento cuando se formó.

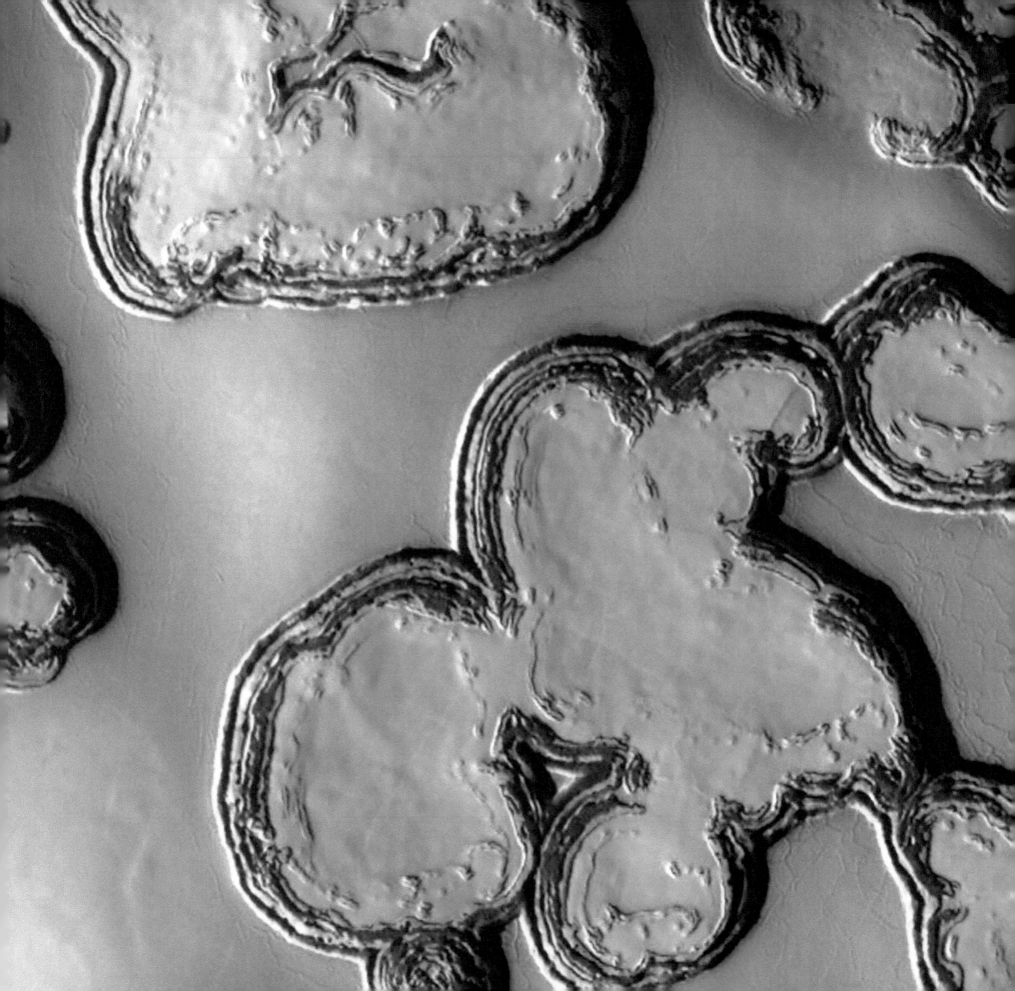

# ¡Es totalmente impresionante!

Durante el frío invierno de Marte, el dióxido de carbono de la atmósfera se congela y se convierte en hielo sólido. Cerca del glacial polo sur, una parte de este hielo se acumula formando grandes tabletas redondeadas de unos 10 pies (3 metros) de grosor.

Los científicos creen que el color de las paredes que rodean los pozos de hielo que se ven en esta foto se debe al polvo atrapado dentro del hielo.

# ¡Marte es más asombroso de lo que cualquiera pudo llegar a imaginar!

*Marte es un lugar activo y ajetreado donde las cosas siempre están cambiando. Tormentas de arena, impactos de meteoritos, subidas y descensos de temperatura, terremotos y otros factores ¡están constantemente transformando el paisaje de este impresionante planeta!*

# El lanzamiento de la misión a Marte

El poderoso cohete Atlas V de la NASA despegó de Cabo Cañaveral, Florida, el 12 de agosto de 2005 llevando una carga importante: el orbitador Mars Reconnaissance (MRO, por sus siglas en inglés) con su cámara HiRISE.

La fecha del lanzamiento fue determinada cuidadosamente debido a que la distancia entre la Tierra y Marte cambia a medida que los dos planetas orbitan el Sol. En los días de mayor aproximación, están a unos 33.9 millones de millas (54.5 millones de kilómetros) el uno del otro. Lo más separados que llegan a estar es a 249 millones de millas (400.73 millones de kilómetros).

Luego de muchos cálculos, la NASA determinó un periodo para el lanzamiento: entre el 10 y el 30 de agosto de 2005. Durante ese tiempo, los científicos evaluaron continuamente las condiciones atmosféricas, los equipos y otros factores. El 12 de agosto se les dio la aprobación a todos los sistemas, y el Atlas despegó. Ese día, Marte estaba relativamente cerca de la Tierra: a unos 71 millones de millas (114.3 millones de kilómetros).

A los siete meses, en marzo de 2006, el MRO llegó por fin a su destino y comenzó a orbitar Marte. La cámara HiRISE envió a la Tierra las primeras fotos de prueba unas semanas más tarde, ¡y desde entonces ha seguido tomando asombrosas instantáneas de Marte!

# HiRISE, la espectacular cámara espacial

Las extraordinarias fotos de este libro fueron tomadas por el Experimento Científico de Imágenes de Alta Resolución (HiRISE, por sus siglas en inglés), la cámara más avanzada enviada hasta ahora a otro planeta. Está montada en una nave llamada MRO, que comenzó a orbitar Marte en marzo de 2006.

La HiRISE se eleva a unas 200 millas (322 kilómetros) sobre la superficie de Marte, y usa un lente telescópico para tomar fotos con muchos detalles. Transmite las fotos a entusiastas científicos que se encuentran en la Tierra, a 140 millones de millas (225 millones de kilómetros), en promedio, lo cual le toma 15 minutos. La potente HiRISE ha sacado más de 60 000 fotos y continúa girando alrededor de Marte y mandando nuevas imágenes a la Tierra.

A diferencia de las cámaras normales, la HiRISE crea fotos en color de calidad mejorada, que incluyen información de colores que normalmente no veríamos. El ojo percibe el color gracias a ondas de luz. Los ojos humanos pueden ver longitudes de onda de unos 390 a 700 nanómetros (1 nanómetro = 1 milmillonésima de un metro). La HiRISE puede capturar longitudes de onda de 400 a 1000 nanómetros. Como nuestros ojos no detectan el color por encima de los 700 nanómetros, esas longitudes de onda mayores se representan en las fotografías con colores que sí podemos ver. Además, en algunas imágenes mejoradas, los colores visibles se ven más vivos o intensos. Gracias a las fotos tomadas con la HiRISE podemos ver diferentes rocas, suelos y texturas de Marte, y aprender más acerca de este fascinante planeta.

# Más sobre Marte

Al igual que la Tierra, Marte es un planeta dinámico con vientos, nubes y condiciones atmosféricas que cambian con las estaciones. Las temperaturas marcianas varían entre los gélidos -190 °F (-123 °C) en la noche hasta los 86 °F (30 °C) durante el día. Su temperatura promedio está por debajo del punto de congelación: -80 °F (-62 °C).

Marte es el cuarto planeta más cercano al Sol, mientras que la Tierra es el tercero. En lugar de una luna, Marte tiene dos: Fobos y Deimos. Marte es más grande que nuestra luna, pero es de apenas un sexto del tamaño de la Tierra. Es llamado con frecuencia "el planeta rojo" y su color se debe a que su suelo contiene trocitos de hierro.

Las fotos HiRISE han revelado muchas formaciones diferentes del suelo marciano, como dunas de arena, cañones, cráteres, volcanes y flujos de lava. Esas fotos detalladas también les sirven a los científicos para estudiar lugares potenciales para aterrizar en futuros viajes a Marte, nuestro vecino de al lado.

# Hitos en la exploración de Marte

**Siglo XVI** Los primeros astrónomos descubren Marte usando sus telescopios.

**30 de mayo de 1971** EE. UU. lanza la Mariner 9, la primera nave en orbitar Marte, que hace mapas del 85 por ciento de su superficie.

**2 de diciembre de 1971** La Mars 3 de la URSS hace el primer amartizaje exitoso en la superficie del planeta.

**20 de julio de 1976** La Viking 1 se convierte en la primera misión de EE. UU. que aterriza en Marte. Envía fotos de la superficie.

**7 de noviembre de 1996** EE. UU. lanza el Mars Global Surveyor, que luego orbita Marte y toma fotos para estudiar la topografía, la gravedad y el tiempo atmosférico.

**25 de diciembre de 2003** El orbitador Mars Express, lanzado por la Agencia Espacial Europea, comienza a orbitar Marte con el objetivo de buscar agua bajo la superficie del planeta.

**Enero de 2004** Los *rovers* Spirit y Opportunity, de EE. UU., aterrizan en Marte, atraviesan la superficie y envían información sobre el clima y la geografía, tanto en fotos como en videos.

**12 de agosto de 2005** EE. UU. lanza el cohete Atlas V, que lleva el MRO y su cámara HiRISE.

**10 de marzo de 2006** El MRO comienza a orbitar Marte.

**24 de marzo de 2006** La cámara HiRISE transmite su primera foto, de la zona montañosa del sur de Marte, que les sirve a los científicos para probar la configuración de la cámara.

**10 de marzo a noviembre de 2006** El MRO desacelera gradualmente y se acerca a su nueva órbita, más cerca de la superficie de Marte.

**Noviembre de 2006 hasta hoy** La cámara HiRISE envía a la Tierra miles de fotos detalladas de Marte.

**24 de septiembre de 2014** La Mars Orbiter Mission (MOM) de la India comienza a orbitar Marte, convirtiéndose en la primera nave que logra entrar a la órbita del planeta en el primer intento.

**20 de julio de 2020** Japón lanza el satélite Hope, de los Emiratos Árabes Unidos, con el objetivo de orbitar Marte y estudiar su clima y su atmósfera.

**23 de julio de 2020** China lanza Tianwen-1, una misión a Marte que incluye un orbitador y un *rover*.